NOTICE

SUR LA

BIBLIOTHÈQUE

DU

PALAIS-DES-ARTS DE LYON,

EXTRAITE

DU DISCOURS DE RÉCEPTION PRONONCÉ A L'ACADÉMIE DE LYON,

LE 18 MARS 1851,

PAR

LE Dr CHARLES FRAISSE,

BIBLIOTHÉCAIRE DU PALAIS-DES-ARTS,
MEMBRE DE L'ACADÉMIE DE LYON, SECRÉTAIRE DE LA SOCIÉTÉ
LITTÉRAIRE DE LA MÊME VILLE, MEMBRE DE LA
SOCIÉTÉ DE STATISTIQUE DE MARSEILLE,
ETC., ETC.

LYON,

IMPRIMERIE DE LÉON BOITEL,

QUAI SAINT-ANTOINE, 36.

1851.

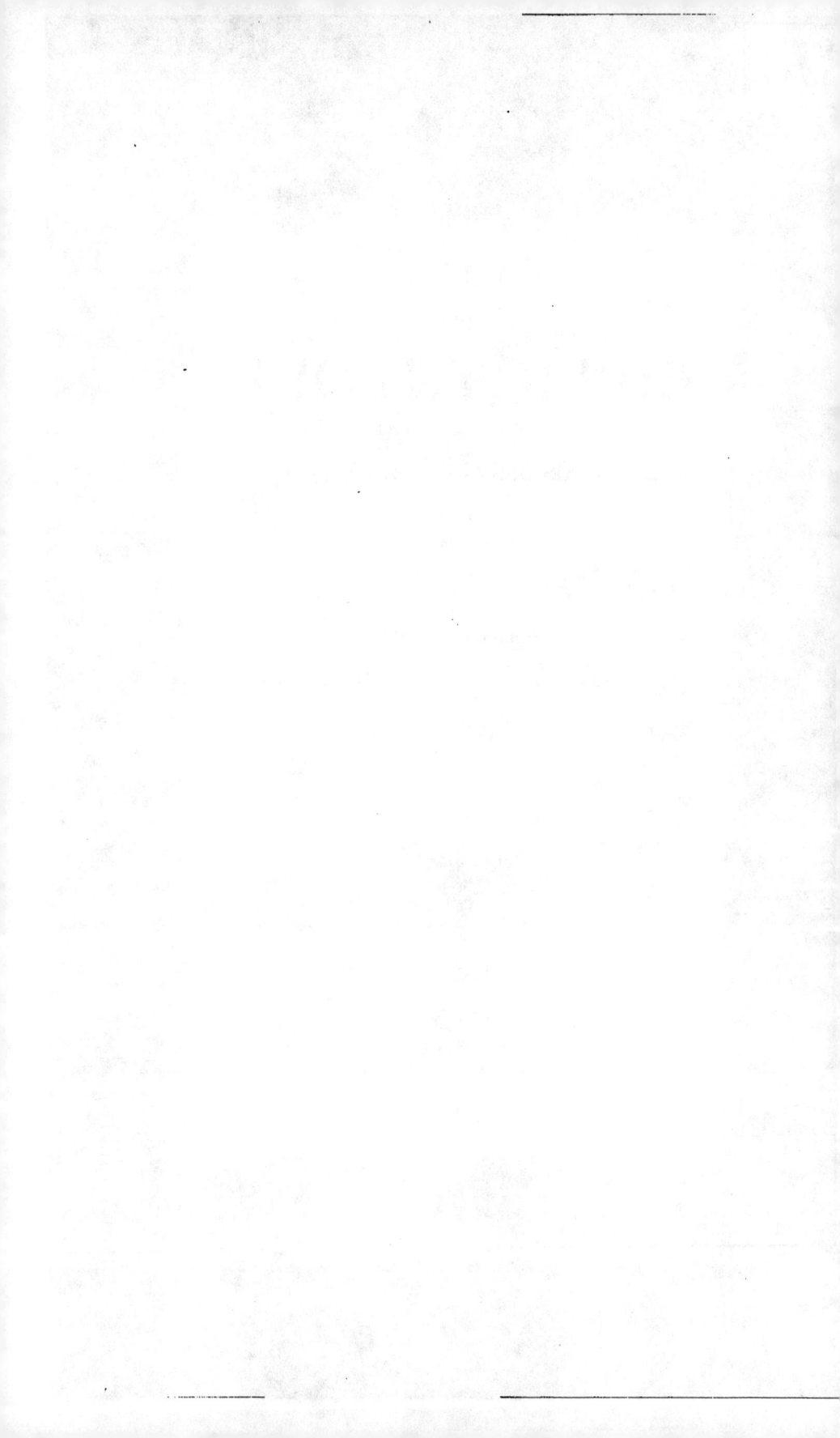

NOTICE

sur

LA BIBLIOTHÈQUE

du

PALAIS-DES-ARTS DE LYON.

NOTICE

SUR LA

BIBLIOTHÈQUE

DU

PALAIS-DES-ARTS DE LYON,

EXTRAITE

DU DISCOURS DE RÉCEPTION PRONONCÉ A L'ACADÉMIE DE LYON,

LE 18 MARS 1851,

PAR

LE Dr CHARLES FRAISSE,

BIBLIOTHÉCAIRE DU PALAIS-DES-ARTS,
MEMBRE DE L'ACADÉMIE DE LYON, SECRÉTAIRE DE LA SOCIÉTÉ
LITTÉRAIRE DE LA MÊME VILLE, MEMBRE DE LA
SOCIÉTÉ DE STATISTIQUE DE MARSEILLE,
ETC., ETC.

LYON.

IMPRIMERIE DE LÉON BOITEL,
QUAI SAINT-ANTOINE, 36.

1851.

NOTICE

sur

LA BIBLIOTHÈQUE

du

PALAIS-DES-ARTS DE LYON.

Bibliothécaire du Palais–des–Arts, il m'a semblé que le moment était venu de faire l'histoire d'un établissement aussi intéressant par son origine que remarquable par le rang qu'il occupe parmi les institutions les plus utiles de la cité.

Dans ce récit, dont quelques éléments m'ont été fournis par les historiens lyonnais, je me suis efforcé de glorifier, en la personne de Pierre Adamoli, bienfaiteur de l'Académie de Lyon, ces hommes trop rares qui savent se survivre par de nobles fondations; j'ai voulu aussi honorer, autant qu'il était en moi, les magistrats qui ont présidé à l'établissement de la Bibliothèque et aux améliorations successives dont elle a été l'objet.

Pierre Adamoli, ancien conseiller du roi, maître des ports, ponts et passages de la ville de Lyon, avait, par son testament en date du 23 octobre 1763, légué à l'Académie sa bibliothèque, composée alors d'environ 5000 volumes.

Dans cet acte remarquable, tracé en prévision de la mort, on ne sait ce qu'on doit le plus admirer de la générosité du testateur, ou de sa tendresse éclairée pour ses amis, ces livres qu'il a rassemblés, un à un, et dont il doit se séparer un jour.

Adamoli n'était pas riche. Frugal, simple et sans faste, dit un de ses biographes, une modique somme suffisait à sa dépense personnelle. Aussi, employa-t-il trente-six années de patiente économie à former cette bibliothèque, sur la porte de laquelle on lisait : *non sorte sed arte collecta* ; et il n'avait pas dépensé moins de 45,000 livres pour ces acquisitions, à l'époque où il écrivait ses dernières volontés. Après cela, s'il est vrai que l'on aime ses enfants en raison des peines et des sacrifices qu'ils coûtent, faut-il s'étonner que ce digne citoyen recommande ses livres, comme le père le plus tendre eût recommandé sa famille ? Faut-il s'étonner que, dans son inquiète sollicitude, il aille jusqu'à supposer telle circonstance où sa légataire, l'Académie, viendrait à se dissoudre *par suite de ces révolutions que toute la prudence humaine ne saurait prévoir*, et que, dans ce cas, il place sous la protection de l'autorité municipale son cher trésor qu'il ne pourra plus défendre ?

Adamoli survécut six ans à l'expression écrite de ses volontés, six ans qui lui permirent d'augmenter son catalogue de 600 volumes. A sa mort, survenue au mois de juin 1769, son héritier, Roch-Joseph Adamoli, négociant à Lyon, ayant mis l'Académie en possession du legs que lui attribuait le testament, la Bibliothèque, déposée d'abord provisoirement dans l'entresol des bâtiments du Concert, fut bientôt transportée à l'Hôtel-de-Ville, où la Compagnie tenait *ses exercices*. Mais les officiers municipaux n'ayant pu accorder un local propre à rendre cette Collection publique, ainsi que le prescrivait le testament, quelques années après, l'héritier intenta un procès à l'Académie, alléguant que la Compagnie, *qui s'était empressée de recevoir la Bibliothèque de ses mains*, avait laissé s'écouler plus de cinq ans sans lui donner sa destination. L'affaire fut solennellement plaidée ; des mémoires à consulter furent produits de part et d'autre ; et l'on ne peut dire quelle eût été l'issue de cet étrange procès, si la Ville, intervenant, ne l'eût terminé au profit de l'Académie, en lui donnant, dans la Maison Commune, un local convenable, où le public pût être admis.

Maîtresse de son bien, la Compagnie s'empressa de se conformer à la volonté de son bienfaiteur ; et, peu de temps après, le

28 novembre 1777, la Bibliothèque fut ouverte une fois par semaine.

Ainsi s'accomplit le vœu de Pierre Adamoli : ses richesses littéraires et scientifiques, désormais confiées à la surveillance du premier Corps savant de sa patrie d'adoption, devenaient, après avoir fait le bonheur de sa vie, une source nouvelle d'instruction pour ses concitoyens.

L'Académie joignit à cette belle collection, qui s'élevait alors à 5,600 volumes, *livres de choix et rares et manuscrits anciens*, un grand nombre d'ouvrages qu'elle possédait déjà et particulièrement ceux qu'elle tenait de la libéralité de MM. de Valernod, Christin, Jussieu de Montluel et Canac de St-Léger.

Le premier bibliothécaire de la Compagnie fut l'abbé Mongez ; M. Bory, et plus tard M. Delandine, auquel on adjoignit M. Tabard, furent les successeurs du savant abbé.

Jusqu'en 1789, le public put jouir du bienfait de cette fondation. Mais il était dans la destinée de cette précieuse collection de subir bien des vicissitudes, avant de reposer dans le Palais-des-Arts.

En 1792, le Conseil de la commune, forcé de reprendre le local concédé, devenu nécessaire aux besoins de l'administration, décida, de concert avec les administrateurs du Collége, que la Bibliothèque Adamoli serait transférée au Collége, dans le vaisseau appelé *Bibliothèque de Villeroy*. Mais cette décision ne put avoir son effet : les troubles de la Révolution n'ayant pas permis d'opérer cette translation, la collection Adamoli, déplacée de l'Hôtel commun, fut transportée dans les combles du Monastère des Dames de St-Pierre, où l'avaient précédée les Bibliothèques des couvents qui venaient d'être supprimés : « Là, d'officieuses araignées, dit M. Delandine, couvrirent de leurs toiles épaisses les scellés apposés sur la serrure du local qui la renfermait, et elle y fut heureusement oubliée. »

Cette circonstance fut un bonheur pour l'Académie ; ses richesses bibliographiques échappèrent ainsi à plus d'un danger. Pendant le siége, le bâtiment du Collége ayant été bombardé, la voûte de la grande salle de la Bibliothèque fut écrasée et un grand nombre de livres restèrent long-temps ensevelis sous les décombres. Après le siège, les scellés mis sur la bibliothèque furent levés pour y introduire des commissaires chargés par la Convention d'en extraire les livres et les manuscrits les plus précieux, et, comme si la ruine de cet établissement devait être complète, à peine ces enlèvements furent-ils effectués que la Bibliothèque, sans gardiens et ouverte à tous venants, fût livrée à des bataillons de volontaires que l'on y caserna et qui employèrent comme combustibles les livres qu'ils prenaient au hasard.

Enfin, des jours meilleurs vinrent à luire pour les amis des sciences et des lettres. Un représentant du peuple, Poulain-Grandpré, prit, le 23 brumaire an IV, un arrêté qui ordonnait l'ouverture de la Bibliothèque de la ville. On rapporta alors du Monastère des Dames de Saint-Pierre tous les livres qui y avaient été déposés, et notamment ceux de la collection Adamoli qui furent placés dans la *salle Villeroy*, au fond de laquelle on suspendit le portrait du donateur.

Ainsi que l'avait prévu Adamoli, l'Académie s'était dispersée ; l'autorité municipale, autant que les circonstances le lui avaient permis, avait, en l'absence forcée des légataires, veillé sur le dépôt confié à sa garde, et, grâce à sa vigilance, ce dépôt rentrait intact dans la Bibliothèque commune.

Tout s'était donc passé selon le désir du testateur ; mais un jour devait venir, quoique bien éloigné encore, où ses vœux seraient dépassés, où ses livres, dignement installés dans un palais réservé aux arts et aux sciences, deviendraient le premier fonds d'une seconde Bibliothèque communale.

Réorganisée en 1800, sous la dénomination nouvelle d'*Athénée* et par les soins de M. Verninac, préfet du Rhône, l'Académie ne tarda pas à revendiquer ses droits aux livres placés, seulement à titre de dépôt, dans la grande Bibliothèque ; mais bien des années s'écoulèrent avant que ces richesses ne revinssent définitivement à leurs légitimes propriétaires. Ce ne fut, en effet, qu'en 1824, sous l'administration de M. Rambaud, maire de la ville et membre de la Compagnie, que l'Académie, qui avait recouvré son nom dès 1802, et avait été autorisée, en 1814, à prendre le titre d'*Aca-*

démie royale, se trouva assez forte pour obtenir enfin justice. Un local lui ayant été accordé dans le Palais-des-Arts, la Compagnie demanda formellement la restitution des livres, manuscrits et autres objets à elle appartenant, et, le 9 septembre 1825, c'est-à-dire 25 ans après sa première réclamation, ensuite d'une décision du Conseil municipal, elle rentra en possession de sa Bibliothèque qu'elle établit dans les salles où elle est encore aujourd'hui.

Ainsi installée, la Bibliothèque s'ouvrit une fois par semaine ; c'était se conformer au vœu d'Adamoli, comme on l'avait fait en 1777, mais c'était aussi tenir peu de compte des nécessités de l'époque. Assurément l'ouverture d'une seconde Bibliothèque marquait un progrès dans une ville où, pendant 30 ans, un seul établissement de ce genre avait été livré au public. Mais de quelle utilité peut être une bibliothèque qui s'ouvre quatre fois par mois? Aussi comprit-on bientôt qu'une part plus large devait être faite aux hommes d'étude et un arrêté du maire, en date du mois d'août 1828, décida que la Bibliothèque serait publique deux fois par semaine.

En donnant un palais pour asile à la Bibliothèque Adamoli, l'autorité municipale acquittait la dette de l'Académie envers son bienfaiteur. Ce dernier acte de munificence couronnait noblement les soins qu'elle avait pris du dépôt confié à sa sollicitude ; mais elle voulut faire encore davantage : elle voulut, fécondant la pensée du testateur, en faire sortir une création de premier ordre.

L'honneur de cette initiative était réservé à M. Prunelle, que les événements de 1830 venaient d'appeler à la tête de l'administration municipale. Avec le coup d'œil d'organisateur habile qui le distinguait si éminemment, le nouveau maire comprit que tous les éléments de cette création si utile étaient sous sa main, et qu'il lui suffisait de les rassembler pour doter la ville d'un établissement dont l'importance répondrait aux besoins de la population studieuse.

M. Prunelle s'adressa aux sociétés savantes qui tenaient leurs séances au Palais-des-Arts. Il proposa aux présidents de l'Acadé-

mie, de la Société d'Agriculture et de la Société de Médecine de
réunir leurs collections à celle de l'École de dessin consacrée aux
arts et composée surtout d'ouvrages à gravures. Chaque Société
s'engageant, d'après ce projet, à continuer l'acquisition des
ouvrages, objet particulier de ses études, la collection générale
devait s'accroître rapidement et reproduire pour notre ville l'établissement précieux de la Bibliothèque des quatre classes de
l'Institut. Chaque Société conserverait la propriété de ses livres ;
le catalogue seul serait commun. La ville s'engageait en outre à
pourvoir aux frais d'installation des Bibliothèques, à ceux qu'en-
traînerait la formation du catalogue et à toutes les dépenses de
l'établissement.

L'Académie accepta cette proposition à laquelle s'empressèrent
aussi d'adhérer les Sociétés d'Agriculture et de Médecine. La Société Linnéenne et celle de Pharmacie, offrant leurs livres et des
abonnements annuels, demandèrent et obtinrent d'entrer dans la
nouvelle association.

Tout concourait donc à favoriser ce projet dont la réalisation
était attendue avec impatience. L'attente ne fut pas longue : un
arrêté du maire, en date du 12 février 1831, annonça l'ouverture
de l'établissement qui prit le nom de *Bibliothèque du Palais-des-
Arts*. Le même jour, M. le docteur Pichard était nommé conservateur de la nouvelle Bibliothèque. M. Pichard succédait à M. Tré-
lis qui avait dirigé la Bibliothèque de l'Académie depuis son installation au Palais-des-Arts, aidé dans ce travail par MM. Dumas et
Cochard.

Qu'il me soit permis de saluer ici le nom du magistrat qui nous
a laissé ce monument de son passage. Embellir et assainir la ville,
et travailler ainsi au bien-être matériel de tous, sans doute, c'est
là bien mériter de ses concitoyens, mais cette gloire est-elle pré-
férable à celle du fondateur d'un établissement où les trésors de
la science sont incessamment ouverts à qui veut y puiser, où le
plus humble des enfants de la cité, s'asseyant aux côtés du savant, peut venir se *guérir de l'ignorance, la plus dangereuse des
maladies et la source de toutes les autres*, selon l'expression du
sage Rollin ! et si cet établissement, comme la Bibliothèque du

Palais-des-Arts est le résultat d'une pensée ingénieuse et d'une
combinaison habile, s'il répond à l'expression du vœu d'une population tout entière, ne doit-on pas une reconnaissance éter-
nelle à l'administrateur auquel la ville est redevable d'un si inap-
préciable bienfait?

Inscrivons donc le nom de l'honorable M. Prunelle, parmi
ceux des administrateurs dont Lyon doit garder le plus cher
souvenir.

M. Prunelle ne perdit pas de vue le succès de son œuvre : re-
tenu souvent à Paris par ses fonctions législatives, il fut puis-
samment secondé par M. Terme, alors premier adjoint, et que
nous retrouverons bientôt, maire à son tour, continuant à la Bibliothèque les soins éclairés de son prédécesseur.

Lyon possédait donc enfin deux Bibliothèques : celle du Collége
reçut dans ses attributions la théologie, la jurisprudence, l'histoire
et les belles-lettres ; à celle du Palais-des-Arts échurent les sciences, les beaux-arts et les diverses branches de la technologie.

La tâche des premiers Conservateurs dut être rude. Tout était
à faire : on comprend à quels travaux, à quelles peines durent
se dévouer les hommes de talent auxquels fut confié le soin de
débrouiller ce chaos. Cinq Bibliothèques appartenant aux sociétés
savantes, près de 3,000 volumes cédés par la Bibliothèque du
Collége, la collection des livres du Muséum d'histoire naturelle
et celle de l'École de dessin, tout cet amas d'ouvrages si divers
demandait un arrangement prompt et méthodique. M. Pichard
entreprit ce travail continué plus tard par son successeur M. Comarmond, qui rédigea un catalogue parfaitement exact des livres
appartenant à la ville ; mais les circonstances ne permirent pas
que ces consciencieux et habiles efforts eussent tout le résultat
qu'on en pouvait attendre.

Cependant la Bibliothèque, ouverte tous les jours non fériés,
depuis 1836, commençait à rendre d'éminents services.

Appelé, en 1841, à succéder à M. Comarmond, M. le docteur
Monfalcon, que son amour des livres et de la science semblait
désigner à ces fonctions, s'empressa de constater l'état de la Bibliothèque. Le nouveau Conservateur s'étonna de rencontrer à

peine quelques ouvrages sur les sciences, dans un établissement consacré aux sciences; les collections de mémoires et de
recueils scientifiques étaient pour la plupart incomplètes.

Heureusement servi par les circonstances, autorisé par M.
Terme dont la confiance et l'amitié lui étaient si justement ac-
quises, M. Monfalcon put faire des achats considérables et combler ainsi les lacunes qu'il découvrait chaque jour. Il disposa
ensuite, selon l'ordre des matières, tous les meilleurs traités sur
les sciences et les arts.

La Bibliothèque Adamoli eut son tour; les livres de cette collection furent classés aussi selon leurs spécialités, ainsi que
ceux provenant de la libéralité de M. Artaud, membre de l'Académie et ancien Conservateur des Musées.

Des changements importants dans la situation matérielle de la
Bibliothèque eurent lieu grâce au zèle du Conservateur. Tout
prit une face nouvelle : les étrangers et les hommes d'étude
purent enfin être convenablement reçus au Palais-des-Arts.

Un Catalogue général fut rédigé pour suppléer aux catalogues
spéciaux devenus inutiles par suite du nouveau classement des
livres. Ce catalogue, exécuté avec les soins les plus minutieux
et les plus intelligents, n'est pas la moindre gloire d'un établissement dont la destination est de représenter tous les arts;
imprimé avec ce luxe de bon goût, introduit par M. Louis Perrin
dans la typographie lyonnaise, il est orné de peintures repro-
duites d'après les manuscrits de l'Académie et enrichi de ma-
juscules, écussons et fleurons en couleur et retouchés au pin-
ceau. La dorure en relief de quelques exemplaires atteste que
l'art moderne a retrouvé les procédés employés à l'illustration
des manuscrits du XVe siècle. Ce catalogue n'est pas seulement
un beau livre, c'est aussi un monument élevé à la reconnaissance : le Portrait de Pierre Adamoli s'y rencontre non loin de
celui du regrettable M. Terme, qui voulut être encore le régé-
nérateur de la Bibliothèque, après avoir partagé l'honneur de sa
fondation avec M. Prunelle.

Ce n'est pas dans quelques pages qu'il serait possible de rap-
peler tout ce que cet établissement dut à l'habile direction de

M. Monfalcon, aussi, laissa-t-il une tâche facile à ses successeurs ; les travaux qu'il ne put terminer furent repris et menés à fin par M. Victor de Laprade, mon honorable prédécesseur, qui sut allier le culte de la poésie et les hautes méditations du Professeur au patient et modeste travail du Bibliothécaire.

Aujourd'hui notre établissement est non tout ce qu'il peut être, mais tout ce qu'il pouvait devenir avec les faibles allocations dont il dispose. Nos richesses s'augmentent tous les jours ; les dons splendides du gouvernement viennent, chaque année, accroître le département des beaux-arts ; ceux des particuliers ne font pas défaut. On doit à l'honorable M. Fulchiron plusieurs de ces beaux ouvrages qu'un Bibliothécaire montre avec orgueil. Aussi, bientôt inscrit en lettres d'or sur les tables de marbre récemment votées par le Conseil municipal, le nom de ce généreux citoyen ouvrira-t-il glorieusement la liste de nos bienfaiteurs.

Je dois signaler, dans leur ensemble, les nombreux éléments d'instruction que renferme notre Bibliothèque. Sa spécialité est riche et variée ; elle répond à des besoins qui se manifestent et grandissent chaque jour. A Lyon, — le fait est incontesté, — les sciences et les arts sont incomparablement plus cultivés que les lettres ; et il devait en être ainsi dans une ville essentiellement industrielle. La Bibliothèque du Palais-des-Arts ne se plaint donc pas du lot qui lui est échu ; elle n'a rien à envier à son aînée. Tout, en effet, concourt à lui faire de belles destinées. Retraite silencieuse au milieu des bruits de la ville, située au centre même de l'industrie, dans un palais où sont rassemblées toutes les richesses scientifiques et artistiques de la cité ; voisine de l'Ecole des Beaux-Arts, dont elle est la succursale, et de l'amphithéâtre de la Faculté, où d'éloquents professeurs viennent, tour-à-tour, enseigner les belles-lettres et les sciences, quelles circonstances plus favorables pouvaient assurer son avenir ! Aussi voit-on chaque jour un public nombreux et choisi prendre place autour de ses tables ; une jeunesse studieuse et recueillie vient demander aux livres et aux collections de l'établissement le complément de la parole des maîtres.

Ce sont, d'abord, les élèves de l'Ecole des Beaux-Arts que

nous voyons venir consulter, chacun dans la spécialité de ses études, les ouvrages sur l'architecture, le dessin, la peinture, la gravure et la sculpture.

Après l'Ecole des Beaux-Arts, c'est l'Ecole de Médecine qui fournit à la Bibliothèque le plus grand nombre de ses lecteurs. Les étudiants savent combien sont variées les ressources dont ils peuvent disposer et chaque séance les retrouve assidus à perfectionner leurs études pratiques par la lecture des meilleurs traités sur les sciences accessoires. Ceux qui s'occupent actuellement de dissections ou qui veulent raviver le souvenir de recherches anatomiques déjà anciennes peuvent satisfaire ce désir à l'aide des grands ouvrages d'anatomie à figures qui forment une des remarquables divisions de la section de médecine.

En dehors de ces deux classes de lecteurs, la Bibliothèque est fréquentée encore par les personnes de tout âge qui suivent les cours des Facultés ; par des jeunes gens qui se préparent, les uns aux Écoles supérieures, les autres au baccalauréat ou à la licence. On y rencontre souvent des médecins, jaloux de se tenir au courant des progrès de la science, des magistrats, amis des sciences et des arts, des chimistes, des industriels, des ouvriers intelligents qu'attirent les traités sur la chimie, la teinture ou la mécanique ; les collections de la société d'encouragement et le volumineux et intéressant recueil des brevets d'invention ; on y voit aussi des officiers de l'artillerie ou du génie, utilisant leurs loisirs par l'étude des ouvrages de stratégie ou des publications du ministère de la guerre. Souvent enfin, et ce sont nos jours à marquer d'une pierre blanche, d'honorables professeurs des Facultés des Lettres et des Sciences ou de l'École des Beaux-Arts, ne dédaignant pas les ressources que nous pouvons leur offrir, viennent s'asseoir aux côtés de cette jeunesse qui prêtera, tout-à-l'heure, une oreille attentive à leurs savantes leçons.

On le voit donc, la Bibliothèque du Palais-des-Arts n'a plus à faire ses preuves : le temps a prononcé sur elle et constaté sa haute utilité ; établissement scientifique créé surtout pour l'enfant du peuple, elle est devenue pour cette partie si intéressante de la population un moyen puissant d'étude et de moralisation ; ouverte à tous les âges, à toutes les professions, à tous ceux qui, par goût ou par état, cultivent les sciences ou les arts, les services qu'elle rend l'ont placée dès long-temps à la tête des institutions les plus libérales et les plus utiles de la cité. Honneur donc aux citoyens vivants ou morts dont les noms se rattachent à cette précieuse fondation !

Et maintenant, qu'il nous soit permis, à nous, ouvrier de la dernière heure, de dire comment nous espérons ne pas rester trop au dessous de la tâche qui nous est faite. *Conserver* et *améliorer*, tel doit être le but de tout bibliothécaire : tel sera le nôtre.

Déjà quelques améliorations de détail ont été réalisées ou préparées par nos soins. Nous avons pu mettre à jour les publications et les journaux scientifiques dont les abonnements avaient été suspendus depuis 1848. Plusieurs ouvrages importants, depuis long-temps réclamés, ont été acquis, malgré l'exiguité de nos ressources financières. De nombreuses reliures ont été faites ; conservateur avant tout, nous avons préservé ainsi d'une ruine inévitable et prochaine des livres précieux, en état aujourd'hui de rendre encore de longs et utiles services.

L'une de nos plus intéressantes spécialités, celle de la musique, ne présentait que d'insignifiants recueils aux amateurs de cet art, dont le goût et l'étude sont si répandus dans notre ville. Nous avons obtenu de M. le maire l'autorisation de combler cette lacune et bientôt les traités de musique les plus estimés prendront place dans nos collections.

Chaque jour on nous demande les écrits relatifs à l'industrie lyonnaise *proprement dite*, à la fabrique des étoffes de soie. La manifestation de ce besoin nous imposait un devoir : aux traités que nous possédions sur la culture du mûrier, sur l'éducation du ver à soie, sur certains procédés de fabrication, nous avons ajouté tous les documents que nous avons pu recueillir. Un catalogue spécial a été rédigé : il mentionne non seulement les acquisitions récemment faites, mais encore les divers écrits sur ces matières, épars dans les mélanges des différentes sociétés. Sans doute, ce n'est là que l'ébauche d'un travail auquel le temps seul

pourra donner toute son importance ; mais, tel quel, ce travail
nous à déjà valu d'honorables encouragements. Quelques personnes se sont empressées de mettre à notre disposition des ouvrages que nous éussions vainement demandés au commerce ; d'autres sont venues nous offrir les conseils de leur expérience. Toujours prêt à seconder les projets utiles, M. le maire nous a autorisé à marcher dans cette voie, sans nous préoccuper des limites
étroites de notre budget.

La collection d'estampes dont s'était occupé M. Comarmond et
que son successeur se proposait de classer un jour, deviendra
bientôt un nouveau moyen d'étude pour les jeunes gens qui suivent les cours de l'École de dessin. Déjà, grâce au concours de
notre habile professeur de gravure, M. Vibert, un premier
travail a pu s'accomplir. Les estampes en portefeuilles, naguère
pêle-mêle, ont été séparées par Écoles de peintres ; des classes
distinctes ont été établies pour les reproductions de tableaux
d'histoire, les vues, les portraits, les monuments, les ornements.
L'arrangement par dates et, autant que possible, par auteur, sera
terminé dans un court délai. Quelque temps encore et le projet de
M. Prunelle sera réalisé : Lyon aura un cabinet d'estampes, cet
indispensable complément d'une Bibliothèque consacrée aux arts.

A ceux qui douteraient de la possibilité d'atteindre ce but avec
les seuls éléments que nous possédons, nous répondrons avec
M. Vibert :

« Le but qu'on se propose dans une collection publique d'estampes doit être tout différent de celui que cherche à atteindre
une collection particulière : il est plus élevé, il vise à l'instruction
des artistes et de ceux qui aiment à s'occuper des arts.

« La collection publique d'estampes peut, dans les villes de
province, remplacer la collection de tableaux, et, dans les capi-
tales, compléter ce qui manque à leurs musées, si riches qu'ils
puissent être. Le musée de Paris, par exemple, possède 14 tableaux de Raphaël, 30 ou 40 Rubens, 15 à 20 Titien ; mais
qu'est-ce que cela à côté de la quantité d'œuvres laissées par
ces grands maîtres ? Croyez-vous avoir une idée assez complète de
Raphaël, après avoir vu le musée de Paris ? Non certainement.

C'est à Rome qu'il faut aller pour connaître la grandeur et la fécondité de son génie. Si vous ne pouvez faire ce voyage, allez à la
bibliothèque Richelieu, demandez l'œuvre gravée de Raphaël, et,
en moins d'une heure, vous aurez fait connaissance avec ses su-
blimes compositions. Si ces gravures ne vous révèlent pas toute
la science, toute la grâce, tout le fini de l'exécution de ce prince
de la peinture, elles vous feront connaître du moins la grandeur,
la poésie et la philosophie de ses compositions. Le rapprochement
rapide que les gravures vous permettent de faire de toutes ses
œuvres vous fait mieux sentir sa prodigieuse fécondité. En un
mot, par la gravure vous connaissez, presque en un clin d'œil, le
spiritualisme de son talent, si l'on peut ainsi dire, mieux que
vous ne le pourriez par de longs et dispendieux voyages.

« Ce qui vient d'être dit de Raphaël est applicable à Michel-
Ange, à Rubens, au Titien, à tous les grands artistes de tous les
temps et de toutes les écoles.

« En faisant passer rapidement sous les yeux l'œuvre complète ou
à peu près de chaque maître, les collections d'estampes donnent
encore un haut enseignement. Si elles sont rangées par Écoles et
par ordre chronologique, elles pourront enseigner l'histoire de
l'art avec ses phases de naissance, d'apogée et de décadence, dans
chaque pays où l'art a été cultivé ; elles révèleront les causes de
ces phases, la source où chaque École a puisé et ce qui appar-
tient en propre à chacune d'elles, l'influence qu'elles ont exercée
les unes sur les autres, les points de contact qui les rapprochent
et les différences qui les séparent. Après ces hautes instructions,
si nous descendons dans les détails, elles vous feront voyager en
déroulant à vos yeux les vues prises sur nature, les monuments
antiques et modernes de tous les pays ; elles vous initieront aux
mœurs et aux coutumes des nations éteintes ou vivantes par la
représentation des meubles, des ustensiles, des costumes, des
armures ; elles vous offriront les portraits des hommes célèbres de
tous les temps et de toutes les nations ; puis enfin, venant au secours des livres, elles compléteront l'enseignement de l'histoire
naturelle, de la botanique, de l'anatomie, de l'archéologie.

« Tel est le rôle qu'est appelée à jouer une collection publique d'estampes; il diffère profondément, comme on voit, de celui assigné aux collections particulières. Celle acquise, il y a quinze ans, par M. Prunelle est déjà assez nombreuse pour que, quelques acquisitions bien entendues venant la compléter, elle puisse bientôt fournir tous les documents nécessaires à une histoire générale de l'art. On pourrait alors ajouter cet enseignement à ceux que reçoivent déjà les jeunes gens à l'École des Beaux-Arts : ce serait là un complément à leur éducation. »

En reproduisant l'opinion de M. Vibert, nous croyons avoir fait la meilleure réponse aux critiques adressées à notre collection. Que nous importe, en effet, le dédain de quelques amateurs, si de ces milliers d'estampes, qui dormaient oubliées, nous pouvons former la base d'un enseignement utile ? Sans doute, il est infiniment regrettable que des mains inintelligentes aient rogné jusqu'au vif certaines gravures précieuses ; que l'encartage, ce moyen puissant de conservation, soit devenu pour quelques-unes une cause nouvelle de détérioration ; mais si c'est là une calamité au point de vue de l'art et de l'administration, l'enseignement en recevra-t-il la moindre atteinte ? Une gravure, parce que sa marge sera réduite de quelques millimètres, parce qu'elle n'aura pas été fixée sur le vélin avec tous les soins désirables, en sera-t-elle moins utile à celui qui viendra la consulter ? Et nos prédécesseurs, si le temps le leur eût permis, eussent-ils été retenus par de telles considérations, hésité devant le travail que nous entreprenons aujourd'hui ?

Nous continuerons donc notre œuvre avec persévérance, sans craindre de nous égarer à la suite du guide habile que nous avons choisi. Le classement terminé, nous dresserons le catalogue ; et, quand le jour sera venu, où cette nouvelle source d'instruction pourra s'ouvrir aux jeunes artistes, nous nous applaudirons d'avoir rendu à leur utilité des richesses jusqu'alors inactives.

Ces soins ne nous feront pas négliger les autres divisions de l'établissement confié à notre surveillance. Les collections de mémoires et de journaux scientifiques, si nombreuses et si riches grâce au système d'échange adopté par l'Académie et par la Société d'Agriculture, ces précieuses collections ne péricliteront pas entre nos mains. Les sciences physiques et chimiques, déjà largement représentées, se compléteront successivement des ouvrages qui manquent encore. Tous nos efforts tendront à donner un légitime accroissement à la section d'histoire naturelle, et notamment à celle de géologie, que la munificence éclairée de l'administration nous permettra, sans doute, de maintenir au niveau de l'enseignement si remarquable dont cette science est l'objet dans notre ville. Le département des sciences médicales, si important par lui-même et par le secours que lui prêtent les sciences accessoires, sera tenu de manière à ne pas déchoir de sa réputation. Une somme de 6000 francs a été léguée par un généreux citoyen, pour l'acquisition d'ouvrages sur les mathématiques et sur l'astronomie. Ce legs, quand il pourra recevoir sa destination, nous permettra de donner à cette intéressante division toute l'extension qu'elle peut avoir dans les bibliothèques scientifiques les mieux dotées.

On s'est souvent préoccupé, dans le monde scientifique de notre ville, de la meilleure direction à donner aux acquisitions permises chaque année aux Bibliothèques par le budget municipal. Dans l'emploi de ces ressources, toujours inférieures à nos besoins, nous imiterons la sage économie de nos prédécesseurs. A leur exemple, nous tiendrons, d'une main ferme, la balance égale entre toutes les divisions de notre département, prenant toujours l'avis des hommes spéciaux et ne nous écartant jamais de cette règle : n'acheter que les excellents ouvrages et autant que possible ceux qui résument l'état de la science.

C'est ainsi que nous chercherons à remplir nos modestes fonctions, adoptant pour devise ces paroles souvent adressées par l'honorable chef du corps municipal, M. Reveil, à ses collaborateurs :

« Si, moins heureux que nos devanciers, il ne nous est pas donné d'accomplir de grandes choses, efforçons-nous, du moins, d'en faire de bonnes et d'utiles. »